Maravillas de la naturaleza
Las cataratas

Dana Meachen Rau

Marshall Cavendish Benchmark
New York

Observa el agua de un río.
Fluye con rapidez sobre las
rocas. Fluye a través del
bosque.

A veces un río llega a un *precipicio*. El agua sigue fluyendo.

El agua se precipita sobre el borde y forma una catarata.

Las cataratas se forman cuando el agua se precipita al pasar de un terreno alto a un terreno bajo. A menudo, las cataratas se encuentran en lugares donde hay muchas montañas.

El agua *erosiona*, o cambia, el terreno. Los ríos transportan tierra. Los ríos suavizan las rocas. Los ríos incluso rompen pedazos de rocas.

En algunos ríos, las rocas duras se encuentran mucho más río arriba que las blandas. El agua erosiona la roca blanda. La roca blanda se deshace. Esto deja un precipicio de roca dura por donde cae el agua.

El agua que cae también sigue erosionando la roca dura. Las cataratas retroceden poco a poco. A lo largo de muchos años, la catarata se corre río arriba.

Hay caídas de agua pequeñas.
Las caídas de agua pequeñas
que ves en un río se llaman
rápidos. Se forman cuando el
agua fluye rápidamente sobre
las rocas.

Algunas personas navegan los rápidos en *kayaks*.

Hay cataratas altas. La catarata más alta es el salto Ángel.
El salto Ángel está en Venezuela, un país de América del Sur.

Hay cataratas muy anchas.
La catarata más ancha es la
catarata Victoria. Mide una milla
de ancho. La catarata Victoria
está en el río Zambezi, en África.

El río Niágara forma las cataratas entre Estados Unidos y Canadá. Las cataratas del Niágara son, en realidad, dos cascadas grandes y una más pequeña. Se llaman cataratas Americanas, cataratas de la Herradura y cataratas Velo de Novia.

Una jarra grande de leche contiene el equivalente de un *galón* de agua. Por las cataratas de la Herradura caen 600.000 galones de agua por segundo, aproximadamente. ¡Son muchas jarras de agua!

El fondo de una catarata, a menudo, está lleno de rocas. Algunas de ellas se han desprendido y han caído por el precipicio. Al caer sobre las rocas, el agua hace un ruido fuerte y estrepitoso.

El agua que se precipita es muy poderosa. Algunas personas usan ese poder para hacer funcionar máquinas.

El agua que fluye mueve las
partes de la máquina.

Las cataratas forman una *bruma* que parece humo. Si estás bastante cerca, el agua puede salpicarte. Si el sol está brillando, tal vez veas un arco iris en la bruma.

Vocabulario avanzado

bruma Gotas de agua diminutas que hay en el aire.

erosiona Desgasta el suelo.

galón Una medida líquida.

kayaks Botes pequeños totalmente cubiertos, a excepción de una abertura para que una persona se siente y reme.

precipicio Una caída profunda y rocosa.

rápidos La parte de un río donde el agua fluye rápidamente sobre las rocas.

Índice

Los números en **negrita** corresponden a páginas con ilustraciones.

With thanks to Nanci Vargus, Ed.D., and Beth Walker Gambro, reading consultants

Marshall Cavendish Benchmark
99 White Plains Road
Tarrytown, New York 10591-9001
www.marshallcavendish.us

Library of Congress Cataloging-in-Publication Data

Rau, Dana Meachen, 1971–
[Waterfalls. Spanish]
Las cataratas / de Dana Meachen Rau.
p. cm. – (Bookworms. Maravillas de la naturaleza)
Includes index.
ISBN 978-0-7614-2810-7 (spanish edition) – ISBN 978-0-7614-2671-4 (english edition)
1. Waterfalls–Juvenile literature.
I. Title.
GB1403.8.R3818 2007
551.48'4–dc22
2007012449

Spanish Translation and Text Composition by
Victory Productions, Inc.

Photo Research by Anne Burns Images

Cover Photo by *Corbis*/Free Agents Limited

The photographs in this book are used with permission and through the courtesy of:
Photo Researchers: pp. 1, 12 David R. Frazier; p. 2 Byron Jorjorian; p. 8 George Ranalli;
p. 14 Michael Lustbader; p. 26 Science Source. *Corbis*: p. 4 Joseph Sohm/ChromoSohm Inc.;
p. 5 Paul Hardy; p. 11 Paul Souders; pp. 15, 19 Royalty Free; p. 23 Ron Watts; p. 24 Bill Ross;
p. 27 Massimo Borchi; p. 29 James Randklev. *Peter Arnold*: p. 7 Jeremy Woodhouse/WW1;
p. 16 Kevin Schafer; p. 20 Jeff Greenberg.

Printed in Malaysia
1 3 5 6 4 2